LÉON · BARAT

EN PASSANT PAR LA LORRAINE

EN PASSANT

PAR

LA LORRAINE...

PAR

LÉON BARAT

NANCY

IMPRIMERIE NANCÉIENNE, 15, RUE DE LA PÉPINIÈRE.

1892

LOIN DU PAYS

—

Des régions du Nord où le sort m'a jeté,
Du pays des marais, de la terre picarde,
Vers les vallons lorrains souvent mon œil regarde,
Malgré l'éloignement, malgré l'immensité.

Car là-bas est le sol d'où je fus transplanté,
Où parmi les bois noirs le douanier s'attarde,
Où, près de l'étranger, se dresse la grand'garde,
Le sol de mes aïeux à jamais regretté ;

Si loin que le hasard ait dirigé ma vie,
Aux jeunes souvenirs ma pensée asservie
Vers le foyer natal m'a toujours ramené.

Je le chante aujourd'hui ; la distance n'importe.
Je le porte en mon cœur. L'arbre déraciné,
A dit Victor Hugo, donne sa feuille morte.

Ah ! vous le savez bien, même au delà des mers,
Le Français garde un culte à la France adorée,
En conserve en son front l'image vénérée
Jusqu'aux lointains confins de l'immense univers.

Au Canada, là-bas où soufflent les hivers,
On parle d'elle, avec amour, à la soirée ;
Et Fréchette, poète à la plume dorée,
Aux bords du Saint-Laurent la chante dans ses vers.

Car l'amour de la terre en nos cœurs incarnée
Ne s'efface jamais dans une âme bien née ;
Jamais les nations, malgré l'éloignement,

Ne perdent tout à fait les fils séparés d'elle ;
Et la province aussi compte plus d'un amant,
Plus d'un fils exilé qui lui restent fidèles.

NANCY

—

— « La rime dit Quinault, et la raison Virgile. »
Despréaux s'exprimait, ou peut s'en faut, ainsi.
Mais Boileau n'est plus dieu dans cette époque-ci ;
Le temps a renversé son piédestal fragile.

Et ce qu'il dit n'est n'est plus parole d'Évangile.
Il est vrai cependant qu'il nous arrive aussi
De rencontrer *là-bas* quand il faudrait *ici*,
Lambin ou *paresseux* quand il faudrait *agile*.

Les plus grands écrivains ont connu ce souci ;
Il poursuivait Gilbert, sur son grabat transi ;
Au milieu de la nuit il réveillait Malherbe.

Je ne me plains pas trop pourtant, car, Dieu merci !
Quand je veux désigner une ville superbe,
Le nom qui vient au bout de mon vers, c'est Nancy !

Voilà déjà longtemps qu'on la nomma la belle ;
Car ses ducs avaient mis leur gloire à la parer,
Et leur orgueil local ne pouvait endurer
Qu'aucune autre cité fût plus splendide qu'elle.

Mais au néant, où va toute chose mortelle,
La cour devait finir un matin par sombrer ;
La nation devait à la fin s'effondrer
Ou du moins adopter une route nouvelle.

Et maintenant, jolie encor comme jadis,
Avec sa noble histoire et ses murs agrandis,
La ville menacée et pourtant toujours fière

A droit à plus d'égards, plus d'amour chaleureux,
Puisque la guerre, hélas ! en a fait la frontière
Et l'a mise à deux pas d'étrangers convoiteux.

NANCY ET GÉRARDMER

—

Malgré l'invasion des touristes d'été,
La vie en haut des monts reste encor simple et dure ;
Et les mœurs, au milieu d'une sombre nature,
Ont des temps disparus maintenu l'âpreté.

Quel spectacle pourtant, avec quelle fierté,
Elle étale des bois l'ondoyante verdure,
Et son paisible lac, où s'endort une eau pure,
Dont l'étranger surpris admire la beauté !

Même, elle ne craint pas de parler en égale
A notre grande ville, à la cité ducale,
Et comme au temps passé de crier à Nancy

En montrant sa splendeur alpestre et grandiose :
— « Sans moi, vraiment, peut-être un peu sans vou
[aussi
« La Lorraine, ma sœur, serait bien peu de chose. »

LE RÉGIMENT QUI PASSE

—

Quand on vient de l'autre côté,
De la région désolée
Depuis près de vingt ans foulée,
Par les pieds d'un reître botté ;

Quand on fuit le sol attristé
Où la Pucelle violée
Reste à jamais inconsolée,
Et pleure sa virginité ;

Alors, le régiment de France ;
Alors, les pantalons garance
Alors, notre vieil étendard

Jetant son éclat tricolore,
Si beaux qu'ils semblent autre part,
Semblent cent fois plus beaux encore.

SAINT-EPVRE

—

Hors la cathédrale gothique,
D'ordinaire, dans la cité,
Tout est neuf, ou du moins gratté ;
Tout est blanc, sinon son portique.

Au pied de la tour fantastique
Le plus souvent on a planté,
Des hôtels sans diversité,
D'un alignement symétrique.

Mais ici, près du duc René,
Au cœur d'un quartier suranné
Resplendit l'église nouvelle.

Avec leurs grands murs tout fêlés
Les maisons gardent autour d'elle
L'aspect des siècles écoulés.

CASERNE THIRY

—

C'était mon voisin de chambrée ;
Un boute-en-train comme pas un,
Remuant, noir plutôt que brun,
A la cervelle évaporée,

Qui d'une langue délurée,
Avec des gestes de tribun,
Daubait volontiers sur chacun
D'une façon immodérée.

Jusques aux plus anciens *briscarts*,
Tous avaient peur de ses brocards,
Les adjudants, malgré leur grade,

Redoutaient son esprit narquois ;
Or, ce loustic de l'escouade
Etait — qui l'eût cru ? — de Fraimbois.

CASERNE LANDREMONT

—

Jean, arrivant au régiment,
Poussé par une faim canine,
Fut tout droit chez dame Fantine
Prendre du ravitaillement.

De vieux soldats en ce moment
Lui montrèrent méchante mine :
— « Aller tout seul à la cantine !
« Tu cherches du désagrément. »

— « Bah ! il ne sait pas, fit un autre ;
« Il a tout l'air d'un bon apôtre ;
« Qu'en penses-tu, Schmoltz ? »
                              — « En effet, »

Dit Schmoltz, en se frappant la cuisse ;
« C'est un garçon que l'on a fait
« Venir d'Amiens... pour être suisse. »

TERRITORIAUX

—

Les territoriaux
En capote de ligne
Donnent un mal insigne
Aux pauvres caporaux.

D'aucuns n'ont que les os,
Et quand on les aligne,
Par un contraste indigne,
La plupart sont trop gros.

— « O troupe maladroite,
« Rentrez, rentrez la droite,
« Rentrez, décidément.

« Rentrez, rentrez le centre. »
Mais loin du régiment
Ils ont pris trop de ventre.

MON CAPITAINE

—

Officier plus doux que mon capitaine
Jamais on n'en vit dans un régiment ;
Il ferma les yeux généreusement
Sur plus d'un délit, plus d'une fredaine.

Mais parfois son cœur débordait de peine ;
Et l'on ouvrait l'œil au commandement,
Car il devenait bien plus inclément
Quand sa belle-mère avait la migraine.

Il l'adorait plus qu'on ne le croirait,
A la voir pleurer, comme elle il pleurait.
A la voir souffrir, il souffrait comme elle.

Si la bonne femme avait mal aux dents
— C'était pis encor — ce gendre modèle
Comme des tambours nous fourrait dedans.

LE CHEVAL BLANC

On a pu longtemps sur la pierre,
A l'auberge du Cheval-Blanc,
Voir, depuis je ne sais quel an,
Une devise hospitalière.

Je gage bien qu'à l'hôtelière
Jamais ne manqua le chaland,
Et que les rouliers s'assemblant
En rond autour de la soupière,

Ont — comme j'ai fait pour ma part —
Redit en goûtant leur canard,
Leur soupe au choux, leur pâté d'oie,

En savourant leur petit vin :
Entrés en paix, sortés en joie,
Après grand travail, une fin.

CIMETIÈRE DE PRÉVILLE

—

Ils reposent ici, ceux qui, la sombre année,
Aux heures des grands deuils, des revers inouïs,
Avaient à nos vainqueurs, dans nos champs envahis
Opposé jusqu'au bout leur vaillance acharnée.

Du moins après leur mort la noire destinée,
Harassée à la fin, ne les a point trahis ;
Le drapeau qui les couvre est celui du pays,
Leur fosse à l'étranger n'est point abandonnée.

Et chaque an la jeunesse accourt à rangs pressés
Au fond du cimetière où leurs corps entassés
Dorment à tout jamais dans leur gloire immortelle.

Qui pourrait oublier devant leur monument ?
Aussi, près de la croix qui décore le stèle,
Retentit quelquefois un terrible serment.

L. BARAT.

LES CLOCHETEURS DES TRÉPASSÉS

—

Par la nuit sombre, à l'aveuglette,
En plein hiver, à pas pressés,
Les réveilleurs des temps passés
Allaient en sonnant leur clochette.

Aux cris aigus que leur voix jette,
Les enfants, de terreur glacés,
Tiennent leurs nez tout enfoncés
Dans l'oreiller de leur couchette.

Chacun se signe à leurs refrains.
— « Écoutez tous, bourgeois lorrains,
Écoutez tous que je vous die :

Réveillez-vous, gens harassés ;
Prenez bien garde à l'incendie,
Et priez pour les trépassés. »

LE COQ DE BRUYÈRE

—

Il chante avec ardeur la flamme qui l'embrase ;
C'est l'amant sans pareil ; c'est l'oiseau fou d'amour
Son cri perçant séduit les poules d'alentour
Et révèle au lointain sa printanière extase.

Il ne sait modérer son cœur ni son emphase,
Et, galant magnifique, imprudent troubadour,
De refrain en refrain il passe tour à tour...
Mais soudain il s'arrête au milieu d'une phrase.

Car tandis que sa voix égayait les forêts,
Un homme était caché dans le buisson, tout près ;
Et le musicien ardent et fanatique,

Dans son rêve rempli de joie et de douceur,
Oubliant tout, sinon son délire érotique,
N'a pas vu s'allonger le fusil du chasseur.

PETIT VILLAGE

—

Ce n'est qu'un modeste village
Où jadis on allait chercher,
A quelques pas du vieux clocher,
Des œufs bien frais, un doux ombrage.

Un matin éclata l'orage.
On vit des régiments marcher,
Les soldats blessés trébucher
Et les mourants hurler de rage.

Par centaines et par milliers
Ils sont tombés dans les halliers
Et dorment à jamais sous terre.

Le blé, quand il vient à jaunir,
Rappelle cette époque austère.
Petit hameau, grand souvenir.

LE BASTION DES DAMES

Les deux seigneurs, jaloux de vider leurs querelles,
Sur le rempart s'étaient rendus l'épée au poing.
Mais ils ont trouvé là ce qu'ils n'attendaient point ;
Ce qu'on voudrait trouver ailleurs : deux damoiselles

— Vous ne vous battrez pas, leur ordonnèrent-elles.
— Pourquoi? fit l'un, les bras croisés sur son pourpoint
— Nous vous le défendons, et verrons à quel point
Des ordres féminins vous trouveraient rebelles.

— Jamais, fit le premier, en rengaînant son fer.
Le second se montra moins soumis et plus fier ;
Elles eurent raison de ses ardeurs guerrières

Et sur le dos, malgré ses *mais*, malgré ses *si*,
Ayant lié ses poings avec leurs jarretières,
Le firent traverser devant elles Nancy.

VOYAGES

—

Je mêle quelquefois de façon singulière
Les noms des lieux que j'ai courus dans ma carrière,
Ham, Bourbonne, Mans, Dax, Poitou, Longchamps,
                                        [Berry,
Hambourg, Bône, Mende, Ax, Poix, Toulon, Chambéry,
Sainte-Anne, Sion, Bourg, Caen, Nevers, Dun,
                                        [Nanterre,
Sainte, Annecy, Hombourg, Cannes, Verdun, Nante,
                                        [Aire.

STAND DE TOMBLAINE

—

Quand la branche dans les buissons
D'un peu de verdure se pare,
Le fusil Lebel se prépare
A recommencer ses chansons.

De Bonsecours jusqu'à la gare,
Veufs, et mariés et garçons,
Volent joyeux comme pinsons
Au rendez-vous sans crier gare.

Là-bas, dans d'autres régions,
Les cigognes en légions
Chassent la gelée hivernale,

Chassent la neige et les autans.
Tes tirs, ô territoriale,
Sont ici fourriers du printemps.

VIEILLE RUE

—

Les grâces, les afféteries
Ne sont ici du goût d'aucun ;
Le parler n'a rien de commun
Avec celui des Tuileries.

Loin de rappeler les prairies
Agréables par leur parfum,
Celui d'ici semble importun
Même aux narines aguerries.

Pourtant des fleurs de tout côté
Ornent les fenêtres l'été.
Mais quel portrait épouvantable

Si, le monocle au nez, Zola,
Avec son pinceau redoutable,
Un beau matin passait par là !

PLACE CARRIÈRE

—

Grande dame à l'allure fière,
Se drapant dans sa dignité,
Laissant le bruit, l'activité,
Le travail à la roturière

Quand on est la Place Carrière,
Vaut-il pas mieux en vérité
Garder l'austère majesté,
L'air renfrogné, la mine altière ?

Au sortir de la Pépinière,
Si dans l'enceinte régulière
La foule dérange un instant

La somnolence coutumière,
Dès les premiers pas qu'elle entend
On voit bouder la douairière.

QUÉBEC ET NANCY

—

J'aime à me rappeler cette lointaine terre
Où nos vieux régiments de Royal-Roussillon,
Artois, Carignan, Sarre, ont, près de Carillon,
Couché comme des blés les troupes d'Angleterre.

Mais nos gens regardaient en vain le Finistère;
Et lorsque les vaisseaux affluaient d'Albion,
La France marchandait un pauvre bataillon
A ces *arpents de neige* inconnus à Voltaire.

Je songe — quand je vois lutter jusqu'à la fin
Ces héros, cinq ou six contre dix-huit ou vingt,
Devant tant de vaillance et devant tant de larmes

Et devant tant de sang pour la patrie offert —
Que Montcalm à Longwy fit ses premières armes
Et qu'il eut pour ami le Verdunois Chevert.

***

Le régiment revient. L'Amérique est perdue.
Les cendres du drapeau que pourchasse le vent
Voltigent outre mer, le long du Saint-Laurent.
Québec est britannique et la France est vaincue.

Pourtant, on les acclame, et la foule se rue ;
Car, oubliés d'un prince au cœur indifférent,
Ils ont fait, jusqu'au bout, trembler le conquérant ;
Aussi traversent-ils avec fierté la rue.

Un passant en voyant les visages bronzés,
La tournure guerrière et les habits usés
Et leurs fusils tordus et leur mine hautaine,
S'écria :

       — « Comment donc les Anglais à leur tour
Ont-ils bien pu les battre ? »
                    Alors, un capitaine :
— « Oh ! les Anglais non pas ; mais bien la Pompa-
                            [dour. »

* *

J'ai rarement écrit, mes frères d'Amérique,
Un livre — quel qu'en fût le thème principal —
Où, pour vous adresser un salut amical,
Ma plume n'ait un peu traversé l'Atlantique.

Car sur un continent aux trois quarts britannique,
Tout est français chez vous ; tout, votre esprit loyal ;
Tout, votre caractère aimable et jovial ;
Tout, vos vieilles chansons, votre histoire héroïque.

Vous prolongez au loin, la France, Canadiens.
De ses confins, ici, nous sommes les gardiens.
Par delà Novéant notre langue est bannie ;

On lui fait une guerre à mort et sans quartier.
C'est nous qui maintenons, au seuil de Germanie,
Les accents de Montcalm et de Jacques Cartier.

LE SAUT DU PRINCE CHARLES

Comme les ennemis le pressaient sur la cime
Et qu'ils pensaient déjà le tenir prisonnier,
Le prince tout à coup lança son destrier
D'un bond épouvantable au-dessus de l'abime.

Fuite prodigieuse, incroyable et sublime !
Tout au fond du ravin le hardi chevalier
Se retrouva debout ainsi que son coursier.
Le Ciel ne l'avait point accepté pour victime.

Le peuple de Saverne avec étonnement
Conte encor le récit de cet événement
Qui ne s'effacera jamais de sa mémoire.

Charle a livré son nom à l'immortalité ;
Il a sauvé sa vie et rencontré la gloire
En préférant la mort à la captivité.

ÉQUITATION

—

— Tu prétends délivrer la France en désarroi ?
Et Jeanne répondit :
                              — Seigneur, duc de Lorraine,
Dieu, dont la volonté sur nous est suzeraine
Veut que je la délivre et couronne son roi.

— L'existence des camps te laisse sans effroi ?
Mais saurais-tu conduire un coursier dans l'arène ?
— Seigneur, comme pas un des pages de la reine.
Charles manda qu'on fût quérir un palefroi.

Aussitôt, sans user d'étrier, la Pucelle,
D'un bond impétueux s'élança dans la selle.
Homme d'armes, raconte un ancien chroniqueur,

N'eût pu rivaliser avec la jouvencelle.
Le duc sentit l'espoir pénétrer dans son cœur.
— Qu'elle aille donc, dit-il ; veille le Ciel sur elle !

TSIGANES

—

— « Des passeports à des nomades !
« Gendarmes, nous n'en avons pas.
— Seigneurs tsiganes, dans ce cas
Portez ailleurs vos promenades. »

Suivis d'une ou deux escouades,
Il faut filer, et d'un bon pas.
La colère étouffe les gars.
S'ils osaient, quelles bousculades !

Une grande fille, aux pieds nus,
A l'escorte en mots inconnus
Lance quelque menace étrange,

Et l'œil noir, ardent de courroux,
Éclaire un front couleur d'orange
Sous un casque de cheveux roux.

L'INVALIDE

—

Si l'on veut compter les droits
Que me donne ma carrière,
Je viens aussitôt derrière
L'homme à la tête de bois.
J'ai reçu sous Salamanque
Un coup de poignard au cou,
Et laissé devant Moscou
Le bout du nez qui me manque.

C'est la lance d'un uhlan
Dont j'ai la marque à la tête,
Un Turc de sa baïonnette
M'a tout labouré le flanc ;
J'ai deux doigts au pont d'Arcole ;
J'ai, dans la cuisse, eu deux os
Brisés devant Badajoz
Par une balle espagnole.

Les belles de tous climats
Souvent à nos camarades
Lançaient de douces œillades,
Les hommes n'en lançaient pas.

Mais ils nous lançaient des bombes.
Mon bras est devant Eylau
Et ma jambe à Waterloo ;
Cela me fera trois tombes.

Mes membres sont incomplets,
Mais l'humeur est toujours bonne ;
Voyez mon logis : personne
N'habite un plus beau palais.
D'après la philosophie,
Tout mal a son bon côté,
Pour moi c'est la vérité :
Je sais la géographie.

INDULGENCE

Blâme nos anciens ducs qui les voudra blâmer
D'avoir — encor poudreux et noirs de la mêlée —
Livré docilement leur âme ensorcelée
Aux deux premiers beaux yeux qui les savaient charmer.

Quelque ardeur cependant qui les vînt enflammer,
Leur vaillance restait toujours inébranlée.
Quoi donc ! Ils ont suivi la règle inviolée ;
Bien d'autres ont commis ce grand crime d'aimer.

Ils ont fait ce que fit Hercule aux pieds d'Omphale,
Lorsqu'elle interrompit sa course triomphale,
Et qu'à son ordre il prit la quenouille et fila.

Le monde va son train, et l'amour le domine,
Appelez-vous Samson et voici Dalila ;
Appelez-vous Pierrot et voici Colombine.

ALIX DE CHAMPEY

—

Quoique bien défendu par Alix de Champey,
Le duc Raoul a pris le château de Vandière.
Victoire à la Pyrrhus ; car, devant la guerrière,
L'orgueil du conquérant s'est bientôt dissipé.

Aux charmes de la veuve il n'a point échappé.
A le voir aussi souple, à la voir aussi fière,
Nul n'imaginerait qu'elle est sa prisonnière
Et qu'hier son palais fut par force occupé.

Les écrivains du temps, dépeignant son visage,
Et son vaste savoir, et son gentil corsage,
De leur prince d'avance ont expliqué l'amour.

Dans les murs illustrés si vaillamment par elle,
Bien des reines depuis ont fixé leur séjour.
Mais pas une jamais qu'on pût dire aussi belle.

LE DUC LÉOPOLD

—

Quand Léopold, enfant, mais déjà capitaine,
Paraissait en Hongrie ou sur les bords du Rhin,
Tout fuyait sous les coups du jeune souverain,
Et ses yeux décidaient la victoire incertaine.

Mais souvent, au retour d'une guerre lointaine,
On voit que les vaillants n'ont pas un cœur d'airain ;
Que pour les assouplir et leur mettre le frein
Il suffit d'une main mignonne, mais hautaine.

Ce bras qui pourfendait l'ennemi, ces regards
Qui faisaient reculer les Ottomans hagards,
N'épouvanteront point Anne de Ligniville.

Un geste impérieux de son doigt, et le front
Du maître des Lorrains se courbera servile,
Et du vainqueur des Turcs les genoux se ploieront.

LA COUR DE STANISLAS

—

Madame de Boufflers gouverne à sa merci,
Le roi Stanislas qui, venu d'une autre terre,
S'accommode aisément d'une loi moins austère
Et fait un Trianon nouveau de Commercy.

Le soir, on dit des vers; on chante sans souci,
On entend les romans inédits de Voltaire,
Tandis que du palais exilé, solitaire,
Saint-Lambert se lamente et regrette Nancy.

Le logis du curé lui sert de domicile,
Et le soir, en secret, il peut, de cet asile,
Apercevoir la chambre où dort du Chatelet,

Et parfois même ouir chantonner son amie.
On lit sur les panneaux : « Fais tout ce qui te plait »
Ce n'est pas une cour, c'est une académie.

CATHERINE OPALINSKA

—

Les cloches ont sonné le trépas de la reine
Dépaysée au cœur d'un peuple occidental.
Elle vivait recluse, et par ce coup fatal
Ne sera point changé le sort de la Lorraine.

La fille des Piasts, à peine souveraine,
Fidèle aux souvenirs du Nord, connaissait mal
Nos mœurs qui n'étaient pas de son pays natal.
Et sa main du pouvoir ne tenait point la rêne.

Elle était demeurée étrangère chez nous,
Et sur un sol plus riche et sous un ciel plus doux
Des hivers paternels conservait la mémoire.

Loin de la politique et d'un monde affairé
On pouvait l'oublier ; mais qu'importe à sa gloire,
Puisqu'auprès du cercueil les pauvres ont pleuré.

LÉGION ÉTRANGÈRE

—

Légion étrangère est le nom que l'on donne
Au régiment toujours le premier apprêté,
Lorsqu'apparaît au Sud l'Arabe révolté,
Et qu'il faut, sac au dos, s'en aller en colonne ;

Et le premier aussi, c'est son clairon qui sonne
Le signal de la charge, alors que du côté
De Langson, de Dong-Dang, de Bacninh, de Sontay
L'horizon devient rouge et que le canon tonne.

Légion étrangère, allons donc ! Que tous ceux
Qui, zouaves, marins, chasseurs ont auprès d'eux,
Baïonnette en avant, défié la mitraille ;

Qu'ils se lèvent, ceux-là, pour dire si jamais
L'un d'eux a rencontré, le jour d'une bataille,
De plus vaillants soldats et de meilleurs Français.

VALLONS ET MONTAGNES

La riante vallée,
Sous un ciel enchanté,
Étale sa beauté,
Splendide et bien peuplée.

La terre consolée,
Se pare avec fierté
De sa robe d'été
De fleurs bariolée.

Pourtant, les montagnards
Lui lancent des regards
Qui marquent peu d'envie ;

Ils aiment cent fois mieux
Les hauteurs où la vie
Coule plus près des cieux.

SERMENT... INUTILE

O comble de naïveté !
Pour que, tout enthousiasmée,
La France appelât son armée
Un mot suffisait : Liberté.

Dès lors, sans l'avoir mérité,
Un peuple, à travers la fumée.
Voyait notre race enflammée,
Accourir le sabre au côté.

Mais les nations délivrées
Sur nos provinces démembrées
N'ont point pleuré, ni sur nos morts ;

Et, quand ayant repris les nôtres,
Nous serons redevenus forts,
Nous ne nous battrons plus pour d'autres.

FILLES D'ISRAEL

Sur la terre d'exil les filles d'Israël,
Quand le soir ramenait l'heure de la prière,
Essuyaient à genoux les pleurs de leur paupière
Et levaient des regards suppliants vers le ciel.

— « Seigneur, nous t'invoquons ; entends-nous,
                                    [Éternel :
« Ramène la Judée à sa splendeur première ;
« Et ne fais pas sonner pour nous l'heure dernière
« Sans nous conduire avant jusqu'au sol paternel. »

Et lorsque l'on parlait à ces enfants captives
Des lieux qu'avaient quittés les tribus fugitives,
Qu'on prononçait le nom vénéré du Jourdain,

Alors, malgré le deuil et malgré les alarmes,
Un éclair d'espérance illuminait soudain
Les yeux où, tout à l'heure, avaient brillé des larmes.

TUNNEL

—

Le ciel brille. Par la portière
Le touriste admire enchanté
Le castel dont la nudité
S'abrite d'un manteau de lierre.

Au lointain, la campagne est fière
D'étaler ses splendeurs d'été.
Mais tout à coup l'obscurité
Triomphe et chasse la lumière.

Tous boudent, sauf les amoureux,
Qui, sans mot dire, sont heureux
Lorsqu'on approche du trou sombre

Qui met un bandeau sur les yeux,
Où l'on peut échanger dans l'ombre
De doux baisers silencieux.

PAGANISME

—

Les Romains, qui menaient le peuple à la férule,
S'indignaient en voyant qu'on méprisait leurs dieux.
Pan manquait de prestige auprès de nos aïeux
Qui traitaient Vulcain d'être infirme et ridicule.

On plaisantait Neptune et l'on riait d'Hercule ;
Et de leur insuccès les vainqueurs furieux
Cherchaient par quel moyen ils finiraient le mieux
Par inculquer leur culte à la race incrédule.

L'un d'eux, dont par malheur on ignore le nom,
Eut une idée à lui, fit en haut du Donon
Des déesses de Rome ériger les images,

Mit Cérès et Vénus à côté de Junon,
Invita les Gaulois à rendre leurs hommages
A ces autels nouveaux.
                  Nul ne répondit non.

LORRAINE

—

C'est un champ de bataille éternel, cette terre,
Et voilà bien longtemps pour la première fois
Que les lugubres sons des cloches des beffrois,
Ont aux échos jeté le signal de la guerre.

Callot, lorsqu'il voulait en peindre la misère,
N'avait qu'à regarder sa patrie aux abois,
Quand les peuples divers, quand les ducs et les rois
Venaient s'entrechoquer sur le sol de Lothaire.

Si la lutte n'avait durci les habitants,
Sans l'invincible espoir, sans des cœurs résistants,
La race du pays n'y fût point demeurée ;

Et Caussin s'écriait en essuyant ses pleurs :
— Il n'était pas Lorrain — « Seule, cette contrée,
A de Jérusalem surpassé les douleurs. »

STATUE DE JEANNE D'ARC

—

C'était un vétéran venu de Varsovie ;
Il s'arrêta pensif devant le monument
Et debout, on l'ouit murmurer tristement :
— « Je t'aime, et cependant, ô France, je t'envie,

« Car tant de nos soldats ont répandu leur vie
« Pour voir au bout du compte après un long tourment,
« Régner dans nos cités le Russe ou l'Allemand,
« Nos étendards captifs, la liberté ravie.

« Oui, je t'envie, ô France, en vérité ! Car si
« Le ciel avait daigné nous accorder aussi
« Dans les mêmes malheurs une même héroïne,

« Nous ne gémirions plus sur le sol confisqué,
« Les grands jours disparus, la Pologne en ruine.
« Mais une Jeanne d'Arc, hélas ! nous a manqué. »

RÉCOLTE MANQUÉE

—

Le grand soleil a fait défaut,
Toutes les vignes sont couvertes
De grappes lugubrement vertes ;
Rien n'y mûrit de bas en haut.

Car c'est la chaleur qui leur faut ;
Le vigneron, les bras inertes,
Les yeux baissés, comptant ses pertes,
Murmure contre le Très-Haut.

La côte entière est ravagée
Et ne sera point vendangée ;
L'eau du ciel a tué le vin.

Que de fatigues endurées,
Que de travaux fournis en vain,
Que d'espérances effrondées !

TUMULUS

Parmi les champs de blé, parmi les houblonnières,
Par ci, par là, de loin en loin, les tumulus,
Couvrent les ossements de ceux qui ne sont plus,
Robustes cuirassiers aux flottantes crinières,

Hussards accoutumés à franchir les ornières,
A bondir, sabre au poing, de talus en talus,
Chasseurs, turcos, lignards, artilleurs résolus,
Tombés là, les regards fixés sur les bannières.

Ils ont pourtant lutté jusqu'au dernier moment
Pour soustraire la Gaule au joug de l'Allemand ;
Du pays sur leur tombe on ne voit pas l'emblème.

Ils ont longtemps lutté ; mais leur espoir déçu
Ne nous épargna point la défaite suprême.
Heureux ceux qui sont morts avant de l'avoir su.

MAUVAISE HUMEUR

—

J'ai critiqué les moroses
Qui peignent la vie en noir,
Et j'en viens pourtant à voir
A leur façon toutes choses.

J'ai rêvé d'apothéoses
Que n'amena point le soir,
Et j'ai nourri maint espoir
Qui dura moins que les roses.

Le temps rapproche à grands pas,
L'heure assignée au trépas ;
L'illusion éphémère,

Les songes s'en sont allés
Me laissant l'idée amère
Des mauvais jours écoulés.

FÉVRIER

—

L'humble agneau déjà pleure et crie,
Encor petit, déjà charmant,
Et d'un timide bêlement
Il réjouit la bergerie.

Mais quand la terre refleurie
Otera son blanc vêtement,
Vous le verrez innocemment
Sauter à travers la prairie.

Son nom est partout répété
En synonyme de bonté ;
La bête la moins aguerrie

Le met en fuite en un instant ;
C'est pourquoi, dans la boucherie,
Le couteau se dresse et l'attend.

LE PERCE-NEIGE

—

Salut, fleur de la Vierge ! Aimable avant-courrière
Qui des champs endormis présages le réveil ;
La terre au loin tressaille et sort d'un long sommeil,
Comme autrefois Lazare échappé de la bière.

Ton apparition annonce la première
Le départ des hivers, le retour du soleil,
Et le travail du sol hier encor pareil
A quelque monotone et vaste cimetière.

Salut, fleur de la Vierge, humble fleur, toi qui rends
L'espoir de jours meilleurs à nos esprits souffrants,
Et consoles les cœurs assombris et moroses.

Des vents plus tièdes vont succéder aux autans
Qui font trembler l'arbuste où fleuriront les roses.
A bientôt la chanson joyeuse du printemps.

PRINTEMPS

—

De jour en jour l'esprit humain
Vole d'un pôle à l'autre et change,
Sans savoir quelle route étrange
Il va prendre le lendemain.

La nature suit son chemin
Sans que rien ainsi la dérange.
Au temps fixé mûrit l'orange,
Fleurit la rose ou le jasmin.

Et le même jour, chaque année,
Réveillant la terre étonnée,
Avec des feuilles au béret,

Joyeux, pimpant et guilleret
Dans sa toilette enrubannée,
Messire Printemps reparaît.

ÉTÉ

—

Une fois encor, la moisson
Dore la plaine ensoleillée ;
Et les oiseaux, sous la feuillée,
Ont recommencé leur chanson,

Mais bien loin d'être à l'unisson
De la nature réveillée,
L'homme va, paupière mouillée,
Agité d'un sombre frisson.

Car les chênes qu'un vent balance
Ont conservé la souvenance
Des jours terribles, et le soir

Par l'étroit sentier, on peut voir
Passer une femme en silence,
Couverte d'un vêtement noir.

RENOUVEÁU

—

Dans les prés, dans les champs, dans le fond des halliers,
Éclate des oiseaux la chanson printanière ;
Un immense désir d'école buissonnière
Saisit les professeurs comme les écoliers.

C'est l'ère de révolte où tous les prisonniers
S'efforcent de briser la chaîne coutumière
Et seuls, les amoureux dans la nature entière
Trouvent le joug plus doux, plus légers leurs colliers.

La tendresse est partout. La plus fière soudain
Pour l'humble adorateur oubliant son dédain,
Lui permet d'approcher ses lèvres des mains blanches ;

Les yeux sont clairs ; les bois touffus et les cœurs pleins ;
Et le zéphyr troublant qui souffle par les branches
Emporte les bonnets par dessus les moulins.

MAI

Fallait-il donc être assez bêtes
Pour l'avoir tant de fois chanté,
Divinisé, loué, vanté
Comme un temps de joie et de fêtes !

Eh bien ! Mai nous revient, poètes ;
Il n'est pas mal, en vérité ;
Du premier coup, il a jeté
La pluie et le vent sur nos têtes.

Les bois, qu'Avril a rhabillés,
Grelottent tristes et mouillés,
Et de leurs mines désolées

Le criminel se rit tout bas.
Les réputations volées
Dans ce monde ne manquent pas.

LA TOUSSAINT

—

Les cloches à toute volée
Jettent leurs accords vers les cieux,
Les morts reposent plus joyeux
Sous une neige immaculée.

Car bientôt la foule assemblée
Entourera de soins pieux
La place où dorment les aïeux,
La terre triste et désolée.

Fiancée encore affolée,
Père grave, mère voilée,
Les voici tous, les cœurs serrés,

Qui portent aux morts adorés,
Dans leur douleur renouvelée,
Les chrysanthèmes mordorés.

LE MIROIR

—

Je t'envie, heureux miroir !
Tu vois celle que j'adore
S'éveiller à chaque aurore
Et s'endormir chaque soir.

Je t'envie, heureux miroir ;
Quand tu la vois qui se penche
En appuyant sa main blanche
Sur la table pour se voir.

Je t'envie, heureux miroir ;
Quant au matin tu reflètes
Les splendeurs de ses toilettes
Et l'éclat de son œil noir.

Je t'envie, heureux miroir ;
N'as-tu pas vu la perfide
Riant de l'amant timide,
Se moquer de son espoir ?

Je t'envie, heureux miroir ;
Car jamais la belle altière
N'entrouvrit à ma prière
La porte de son boudoir ;

Ah ! vraiment tu dois avoir
Vu mainte chose jolie ;
Le pauvre amoureux t'envie,
Il t'envie, heureux miroir !

APRÈS WATERLOO

Ces vétérans étaient très fiers
D'avoir foulé sous leur semelle
Jusqu'au peuple le plus rebelle
Et chargé l'Europe de fers...

Toute médaille a son revers
Et la justice est éternelle.
La paysanne, forte et belle,
Venge l'affront de l'univers.

Après avoir à leur façon
Mis les villes à la raison
Du Portugal jusqu'en Hongrie,

Ces vieux guerriers doivent un jour,
Par un *oui* dit à la mairie,
Trouver des maîtres à leur tour.

LE COUVREUR PETIT-JEAN

La douleur en Lorraine était universelle ;
Des rives de la Meuse aux bords de la Moselle,
Chacun se demandait par quel étrange sort
Le duc Ferri s'était perdu, s'il était mort,
Si, rentrant un matin de nocturne escapade,
Il n'avait pas été pris dans une embuscade ;
Mais qu'il fût dans la tombe ou bien dans la prison,
Tombé par accident ou bien par trahison,
Qu'une faute eût été loyalement punie,
Ou qu'il eût succombé devant la félonie,
C'était à tous les yeux comme autant de points noirs.
Les seigneurs en parlaient tout bas dans les manoirs,
On en parlait aussi le soir dans les chaumières ;
Car chez nous, on le sait, femmes sont coutumières
De jaser à leur guise, inépuisablement,
Sur tout bruit, faux ou vrai, sur tout événement ;
Surtout lorsqu'à bon droit ou non, l'historiette
Se complique d'un peu d'amour ou d'amourette.
Le pays devenait triste à faire pitié,
On plaignait le bon duc et sa pauvre moitié,

Dans un coin du château demeurée isolée,
Et la Lorraine en deuil, ressemblait, désolée,
A quelque bonne veuve en pleurs sur son mari.
La question du jour : « Cherchez le duc Ferri »,
Agitait tous les cœurs, troublait toutes les âmes.
Lorsque des chevaliers s'adressaient à leurs dames :
« Je vous aime. Daignez vous unir à mon sort »,
Elles disaient : « Trouvez le duc Ferri d'abord ».
Chacun cherchait du duc la trace disparue,
Plus de joyeux repas, plus de chants dans la rue ;
Les paysannes même — on n'eût pu le penser —
Refusaient de se rendre au bal et de danser.
Les cabarets étaient désertés. Les fillettes,
Au front préoccupé, négligeaient leurs toilettes.
Tout bonheur avait fui. Dans le pays lorrain
On n'entendait qu'un seul et qu'un même refrain ;
C'était une chanson qu'une main ignorée
Par les noirs sentiments de ce peuple inspirée,
Avait écrite, afin que dans leur souvenir
Les âges d'à présent et les temps à venir
Gardassent à jamais l'immortelle mémoire
De ce problème obscur, de cette étrange histoire.

Un jour, Petit-Jean, borgne et couvreur à la fois,
Était à Maxéville et rarrangeait les toits
Du castel où vivait le seigneur des Armoises.
Notre homme, à plein gosier, en plaçant ses ardoises

Entonna le refrain, en ces temps favori,
Où l'on se lamentait sur le bon duc Ferri :

Notre bon duc aux jours de guerre
S'en allait devant nous naguère ;
Et nous dressions bien haut les fronts.
Mais désormais l'on nous assaille,
Quand viendra l'heure de bataille,
Quel est le chef que nous suivrons ?

Dans tous les coins de la contrée
Une clameur désespérée
A retenti du Sud au Nord ?
Où donc trouvera-t-on la trace
Du chef de notre vieille race ?
Qui sait s'il vit ou s'il est mort.

L'un prétend que par aventure,
Pris dans une embuscade obscure,
Il est tombé par trahison ;
Mais un autre le nie et jure
Qu'à cheval avec son armure
Il l'a vu devant sa maison.

Il est parti cherchant des filles,
Prétend un autre, assez gentilles
Pour lui convenir de tout point ;
Il n'est pas aisé de lui plaire ;
On dit que pour le satisfaire
La Lorraine n'en avait point.

J'en sais pourtant, j'en sais plus d'une,
Plus d'une blonde ou d'une brune
Qui mettraient mon cœur en émoi ;
Mais il n'a pas, duc de Lorraine,
Issu de race souveraine,
Des goûts aussi simples que moi.

Ah! que jamais il reparaisse
Et le pays tout en détresse
Oubliera son deuil en un jour ;
Et l'on entendra les complaintes,
Les gémissements et les plaintes
Se changer en un chant d'amour.

A l'enfant il faut une mère ;
Au couvreur, sous la bise amère,
Il faut à boire et des refrains ;
Il faut des courtisans au prince ;
Au duc, il faut une province ;
Mais il faut leur duc aux Lorrains.

Jusqu'au fond du castel portait la voix sonore ;
Le couvreur Petitjean allait chanter encore
Lorsqu'une voix sortit du cachot du manoir
Sans qu'il vît rien, l'endroit étant profond et noir.

— Couvreur, écoute-moi.
                        — Qui parle ? Qui m'appelle ?

— Couvreur es-tu Lorrain?

      — Je suis Lorrain.

           — Fidèle

Au duc depuis longtemps disparu de Nancy?
— Ma chanson vous a pu l'apprendre, Dieu merci!
— Je suis duc de Lorraine et du sang de tes maîtres.
— Vous! mon duc, prisonnier. Oh! les bandits, les traî-
               [tres.

Mais comment les punir et comment vous venger!
Des Lorrains, à ce point, oser vous outrager!
— Il suffit; pars d'ici; cours à Nancy; cours vite.
Entre au Palais. Préviens Madame Margueritte...

Mais déjà le couvreur partait, jetant un cri:
Les temps durs sont passés! Vive le duc Ferri!

TEMPS NOUVEAUX

Les montagnards vivaient dans leur crédulité,
La superstition singulière et profonde
Jetait dans ces esprits isolés loin du monde,
D'étranges cauchemars, des flots d'absurdité.

Mais voici que soudain une époque féconde
Abat les vieilles mœurs, les lois d'hérédité ;
Répand dans les cerveaux la curiosité
Et des récits nouveaux circulent à la ronde.

Adieu, les anciens temps ! Adieu, simplicité
Qui régnas sur les monts de toute antiquité !
Adieu, dictons ! Adieux, hantises séculaires !

Le ballot sur le dos, gravissant les hauteurs,
Du progrès qui commence, humbles missionnaires
Baton au poing, voici venir les colporteurs.

SOLEIL DE MARS

—

Votre sourire nous séduit
Et réchauffe nos cœurs, madame,
C'est un rayon, c'est une flamme,
C'est une étoile qui nous luit

Mais qu'il est court et comme il fuit !
Qu'il disparaît vite, et notre âme
Qu'éclairaient deux lèvres de femme
Notre âme rentre dans la nuit.

Pareil à lui, quand Mars s'éveille
Le ciel quelquefois s'ensoleille,
Dorant maisons, prés et forêts,

Toute la terre encor gelée,
Pour s'éteindre l'instant d'après
Et faire place aux giboulées.

CAMPEMENT DE CAVALERIE

—

Le silence fait place à de bruyants ébats,
Le cavalier songeant à quelque fille d'Ève
Secoue avec torpeur ses membres et se lève ;
Les clairons, au lointain, ouvrent le branle-bas.

Chacun s'est équipé déjà du haut en bas
Au cliquetis naissant de la lance et du glaive ;
On pense voir passer des ombres dans un rêve,
Debout ! car cette nuit est la nuit des combats.

C'est la guerre ! Il se peut qu'un long écho répète
La nuit prochaine encor l'appel de la trompette ;
Mais malgré ses accents sonores et cuivrés,

Malgré la discipline et la loi militaire,
Plus d'un chasseur d'Afrique, au bois ou dans les prés
Restera de son long endormi sur la terre.

BON-SECOURS

L'élégance d'autres époques
Est conservée à Bon-Secours
Et l'on y trouve de nos jours
Des préciosités baroques.

La Vierge porte des breloques,
Et, joufflus comme les amours
Qu'on peint sur les tableaux des cours,
Les chérubins sont équivoques.

L'Église aurait l'air d'un boudoir
Si parfois l'on ne pouvait voir
Avec un bébé pâle et frêle

Une femme en vêtement noir,
Les yeux en pleurs, dans la chapelle,
S'agenouiller quand vient le soir.

MARIANNE PAJOT

—

Les baronnes disaient :

              « Le duc perd la raison,
Ou s'il ne l'a perdue, il ne s'en manque guère ;
Pour vouloir l'épouser, fille d'apothicaire.
Qu'il mette une seringue alors dans son blason ! »

Mais Charles, dont l'amour formait tout l'horizon
Acceptait sans souci cette petite guerre,
Riait et préférait sa duchesse Clystère,
Aux filles de lignée et de haute maison.

Louis XIV eut vent de cette liaison,
Crut qu'il serait aisé d'induire en trahison.
La pauvrette, appelée à porter la couronne.

Mais le roi fut déçu dans sa combinaison ;
Car la voix de l'honneur dans d'humbles cœurs résonne.
Marianne Pajot préféra la prison.

CONDAMNATION

—

Libératrice de la France
A qui le peuple délivré
Au fond du cœur a consacré
Son éternelle remembrance,

Toi qui dans les jours de souffrance
Vins briser le joug abhorré,
Et dans un temps désespéré
Rendis à nos fronts l'espérance;

Non, Jeanne, tu ne pouvais pas,
Finir par un commun trépas,
Une mission grandiose;

Et les bourreaux du tribunal
Ont dressé ton apothéose,
Ont érigé ton piédestal.

COMPARAISON

Dénombrez les héros qui dans l'antiquité
Ont à jamais couvert de gloire Athène et Rome ;
Joignez ceux qu'aujourd'hui l'univers entier nomme
Comme ses candidats à la postérité.

Allez, prenez tous ceux dont le nom est vanté,
Tous les plus grands exploits réalisés par l'homme;
Additionnez-les tous ensemble, et la somme
Sera bien faible encor, si l'on met à côté

Le simple et vrai récit des faits de la bergère
Qui vint barrer la route à l'armée étrangère,
Faire sacrer un roi, mourir sur un bûcher.

Additionnez-les tous ensemble, vous dis-je.
L'histoire est bien connue, et l'on y peut chercher.
Elle n'enfante point deux fois pareil prodige.

APRÈS LE BUCHER

—

Quand la vierge eut été brûlée, et que le vent
Eut au loin dispersé sa dépouille mortelle
On en vit tout à coup renier la Pucelle,
Parmi ceux qui vantaient sa gloire auparavant.

Après sa mort, ainsi qu'il arrive souvent,
Ne se rappelant pas ce qu'ils avaient vu d'elle,
Plusieurs la condamnaient, la traitaient d'infidèle ;
Mais c'étaient les seigneurs et le monde savant.

Car si le roi, la cour, et la chevalerie
Oubliaient l'holocauste offert à la patrie,
Les paysans, dont Jeanne avait guéri les maux,

Disaient : Jeanne était sainte et Jeanne était des nôtres;
Les pauvres, les petits, les bergers des hameaux,
De son culte naissant se faisaient les apôtres.

M. JOSEPH FABRE

—

Oui, vous avez bien fait de ne pas embellir
Le tableau des exploits de Jeanne la Pucelle ;
Sans termes ciselés, l'histoire est assez belle
Et sous de vains atours ne pourrait que pâlir.

La grande mission qu'elle avait à remplir,
L'Anglais cent fois vainqueur en fuite devant elle,
Sa confiance en Dieu jusqu'en prison fidèle,
Les plans du tribunal qui pensait l'avilir,

Sa mort sur le bucher, ses vertus, son courage,
Vous nous avez conté dans un simple langage
Ces récits d'une sainte et douce émotion ;

Vous avez rejeté toute pompe inutile ;
Car pour toucher le cœur de notre nation,
Les faits parlaient assez, sans ornement de style.

ROUEN ET CALAIS

—

Jamais, jamais depuis les âges
Qui se perdent dans les nuages
De la plus vieille antiquité,
Jusqu'à cette heure, où dans notre âme,
La vie allume encor sa flamme,
Jamais un cœur n'a palpité
D'une telle amour attendrie
Pour le bonheur de la patrie.
Et pour sa douce liberté ;

Que le grand cœur de la Lorraine
Qui, la face calme et sereine,
Laissa son père dans les pleurs,
Cacha même aux yeux de sa mère
Son chagrin, sa tristesse amère,
Sourit au milieu des douleurs,
Réconforta les hommes d'armes
Abattus par dix ans d'alarmes
De défaites et de malheurs.

Et la voilà partie en guerre,
La pauvre Jeanne qui naguère
N'avait jamais quitté nos bois ;
Adieu, le grand arbre des fées.
Où pareilles à des trophées,
Des fleurs se balancent parfois ;
Ombrage étrange et salutaire
Où le front courbé jusqu'à terre,
Elle entendit jadis ses voix.

A Vaucouleurs, on l'injurie,
Qu'importe ! C'est pour la Patrie.
Vite à cheval ! il est bien tard.
Si dans le chemin on la raille,
Elle en rit, sachant que Xaintraille
Aura foi dans son étendard ;
Et qu'un signe de la Pucelle
Fera chevaucher derrière elle
La Hire et Dunois le bâtard.

Où sont les jours où sur la Meuse,
Elle menait, pâle et songeuse,
Ses blancs agneaux de prés en prés ?
Déjà la victoire infidèle
Accourt se ranger auprès d'elle.
L'éclat de ses yeux inspirés
A nos soldats rend le courage
Et l'Anglais, frémissant de rage,
Quitte nos hameaux délabrés.

La métropole champenoise
Est en liesse et se pavoise.
Parmi les seigneurs et parmi
Les clameurs de la délivrance,
Voici venir le roi de France !
Ornez les murs de Saint-Remy !
Oh ! c'est moins le roi qu'on acclame
Que Jeanne portant l'oriflamme,
Jeanne, l'enfant de Domremy.

Mais ici-bas la joie est brève ;
Le bonheur passe comme un rêve,
Des fenêtres de sa maison,
Le campagnard voit l'hirondelle
S'enfuir de même à tire d'aile,
Quand l'hiver blanchit l'horizon,
Ainsi la gloire est envolée
Et Jeanne gémit désolée
Entre les murs d'une prison.

Hélas ! voici l'heure fatale.
Près du bûcher, foule brutale
Affectant des airs de héros,
Toute une populace infâme
Montre le poing à l'humble femme.
Qui fit trembler des généraux.
Jeanne sourit, car sa pensée
Loin de cette troupe insensée,
S'arrête peu sur les bourreaux.

Alors de glorieux présages
Lui dévoilent le cours des âges.
Elle voit sur tous nos palais
Briller de nouveau l'oriflamme
Et tandis que monte la flamme,
Elle voit des murs de Calais,
Complétant la grande épopée,
Un chef lorrain à coups d'épée
Chasser les derniers des Anglais.

FRONTIÈRES.

—

Les poteaux qu'on avait dressés
Pour marquer les confins de France,
Ma vagabonde adolescence
Les a bien souvent dépassés

Depuis qu'on les a déplacés.
Je les franchis avec souffrance ;
Mais même avant, dès mon enfance,
Avant les revers traversés,

Je n'ai point franchi la barrière
Où s'arrête notre bannière
Sans que mon cœur ait palpité.

Et maintenant, que l'on me nomme
— Fort peu m'en chaut, en vérité —
Tant qu'on voudra, Monsieur Prud'homme.

UN LUTTEUR EN RETRAITE

Jadis, les luttes politiques
Plus que d'autres l'ont transporté :
Il a maintes fois convoité
Divers postes hypothétiques.

Mais un jour les labeurs rustiques,
Le calme des champs l'ont tenté ;
Il a sagement imité
Les grands Cincinnatus antiques.

Les belles phrases d'orateur
Ne charment plus l'horticulteur ;
Il suffit pour le mettre en joie,

Pour que son bonheur soit entier,
Il suffit que chaque an il voie
Prospérer son abricotier.

MATERNITÉ

—

De riantes enfants une femme entourée,
Malgré leurs cris d'amour, malgré leurs chants joyeux,
Lève parfois des bras suppliants vers les cieux
Ou baisse vers le sol sa figure éplorée.

Une d'elles lui manque et la plus adorée ;
Car celle que toujours la mère aime le mieux
C'est celle qui n'est plus assise sous ses yeux,
Celle que du foyer le sort a séparée.

Les autres vainement s'efforcent d'apaiser
Le chagrin dont son cœur est prêt à se briser
Elle écoute leurs voix, mais n'est point consolée.

Son âme sera triste et sa tête en travail
Tant qu'on n'aura pas vu revenir l'exilée
De qui la place vide est gardée au bercail.

UN VIEUX

L'habit d'une coupe passée
Et la figure sont d'accord,
Un peu courbé, mais encor fort,
Sous sa chemise bien plissée.

Son gilet de forme évasée,
Et son chapeau large de bord,
Stoïque, il attend que la mort
Arrête sa marche lassée.

Il fut jeune. Les frais minois
Ne ricanaient pas autrefois
De ses larges basques carrées.

Que le tabac ne manque pas
A ses pipes démesurées !
Son bonheur suprême ici-bas.

L. BARAT.

UN JEUNE

—

Le père eut nom Colas ; le fils a nom Emile ;
Sa femme est Lise, après avoir été Margot ;
Il habite Paris et manœuvre l'argot
A rendre un point sur trois au plus fort de la ville.

Ne le sermonnez pas ; ce serait inutile ;
Il ne vous prendrait plus pour un vrai *Parigot ;*
Quand il veut dire *agent*, il prononce *sergot*,
C'est son dada ; qui peut s'en échauffer la bile ?

Rouler la cigarette en artiste, être mis
Avec le plus grand chic, lorsque l'on est commis,
Qu'on a fait le *Printemps*, la *Belle Jardinière,*

C'est chose dont jamais nul ne s'est dispensé.
Il faut se conformer à la mode dernière,
Avoir lorgnon, avoir badine et col cassé.

DRUIDISME

—

Vous rencontrez parfois sur le bord du chemin
Ou dans le beau milieu de la plaine, un dolmen,
Un menhir, un cromlech, où jadis nos ancêtres
Les vieux Gaulois, avant d'avoir connu des maitres,
Offraient, le cœur joyeux, sous le Ciel attristé,
Le sacrifice humain à la Divinité.

Mais des temples alors construits par notre race,
Vous en pourriez chercher sans en trouver de trace ;
Ils n'en connaissaient pas sinon les bois épais
Dont les chants rituels ébranlaient seuls la paix ;
Les sinistres forêts prolongeant leurs portiques ;
Les sentiers surmontés de feuillages gothiques.
C'était là qu'on disait des mots religieux ;
Que se courbaient les fronts suppliants et pieux ;
C'étaient là, par le temps, les églises dressées
Aux générations maintenant effacées.
Le Druide était seul le roi de la forêt,
Aucun profane bruit jamais n'y pénétrait,
Et dans ces jours troublés, ces siècles sanguinaires,
Sous l'ombrage touffu des chênes centenaires,

Lorsque le vent soufflant au travers des buissons
Jetait dans tous les cœurs de lugubres frissons,
Au bord du noir sentier tout rempli de mystère,
Où le sang se mêlait aux feuilles sur la terre,
A genoux sous le dôme immense, nos aïeux
Croyaient que leur prière allait plus près des cieux.

DEVANT SAVERNE

—

Le comte de Varsey s'était mis en campagne
Quand la plaine d'Alsace aux vastes champs de blé,
Toute luxuriante, à son camp rassemblé
S'offrit soudainement au pied de la montagne :

— « Que la torche et la mort partout nous accompagne
« Qu'on jure de ne pas revoir Gerbévillé,
« Cria-t-il, sans avoir tout tué, tout brûlé,
« Et fait un grand désert d'un pays de Cocagne. »

Mais les barons lorrains se croisèrent les bras
Et lui dirent :
      — « Marchez : nous ne vous suivrons pas ;
« Seigneur de Châtillon, savez-vous qui nous sommes

« Nous nous trompions croyant escorter un héros.
« Nous vous quittons. Cherchez autre part d'autre
                                    [hommes.
« Vous aviez des guerriers. Il vous faut des bourreaux.

BRIEY

—

O Tytire étendu mollement sous un hêtre...
Au fond de notre esprit un souvenir lointain
Réveille les beaux vers du poète latin,
Tant la ville est paisible, endormie et champêtre.

Nulle sous-préfecture en France n'a peut-être
Autant de quiétude, un plus calme destin.
Le tambour n'y bat pas la diane le matin,
La bruyante industrie y reste encore à naître.

Un coup fatal pourtant peut troubler ce repos ;
Non loin, à l'Orient, flottent d'autres drapeaux,
Et l'antique chef-lieu, la grande forteresse,

Qui jadis protégeait notre sol envahi
Aux mains des étrangers, formidable, se dresse
En regardant la plaine et menaçant Briey.

FRONTIÈRE BELGE

—

Ailleurs, trop souvent la frontière
Dresse entre peuples ennemis
Une redoutable barrière
Qu'on ne franchit point sans permis.
L'écho porte de ville en ville
Des mots cruels ou douloureux.
La fanfare de Gérouville
S'en vient fraterniser à Breux.

Ailleurs, point de chant ni de fête ;
Un poids opprime tous les cœurs.
Ici, le deuil de la défaite,
Et là-bas, l'orgueil des vainqueurs.
Plus le conquis est indocile
Et plus le joug est rigoureux.
La fanfare de Gérouville
S'en vient fraterniser à Breux.

Si la *Marseillaise* résonne,
Le Belge applaudit sans repos.
Aux accents de la *Brabançonne*,
Les Français lèvent leurs chapeaux,

Et dans la foule qui jubile,
Pas un propos malencontreux.
La fanfare de Gérouville
S'en vient fraterniser à Breux.

Qui saurait mieux que la musique
Mettre les cœurs à l'unisson,
Qu'on soit de France ou de Belgique,
Wallon, Lorrain ou Brabançon ?
Les hommes, nous dit l'Évangile,
Devraient tous se chérir entre eux,
La fanfare de Gérouville
S'en vient fraterniser à Breux.

Plus d'un Français, au clair de lune,
Va, le soir, m'a-t-on rapporté,
Conter fleurette à quelque brune.
Née au royaume d'à côté ;
Tandis qu'à Breux mainte Lucile
En Belgique a son amoureux.
La fanfare de Gérouville
S'en vient fraterniser à Breux.

Ah ! puissent longtemps dans les âmes
Jusque dans la postérité
Se garder ardentes les flammes
De la sainte fraternité !

Et puisse encor en l'an deux mille,
Au son des accords chaleureux,
La fanfare de Gérouville
Venir fraterniser à Breux !

MARS-LA-TOUR

Quand je dis *Ma-la-Tou*, l'existence agricole,
Les moissons, les regains vous viennent à l'esprit ;
Le patois que l'on parle et que pas un n'écrit ;
Et les marmots bruyants qui sortent de l'école.

Quand je dis *Mars-la-Tour*, c'est le boulet qui vole,
C'est le turco d'Afrique ou l'imberbe conscrit ;
C'est la bataille, ou bien c'est le drapeau proscrit ;
C'est Metz qui voit ses fils partir et se désole.

Mars-la-Tour, on dirait trois appels de clairons
Qui sonnent le signal de guerre aux escadrons ;
Mais *Mâ-la-Tou* fertile en rustiques pensées

Evoque la prairie ou les labeurs ruraux ;
Trois syllabes, suivant qu'elles sont prononcées,
Rappellent les prés verts ou le sang des héros.

AU COMMISSARIAT

—

— « Bonjour, monsieur le Commissaire,
Vous me voyez bien en colère,
Je viens me plaindre de quelqu'un.
Imaginez qu'un importun,
Le roi de la gent malotrue,
N'a pas eu peur de m'accoster
A l'instant même dans la rue,
Et s'est permis de m'insulter. »

— « Mademoiselle, soyez sûre
Que je vais le faire arrêter. »
— « Ce qui, surtout, je vous le jure,
Augmente encore mon courroux,
C'est qu'il n'a pas eu peur, le croiriez-vous ?
De s'en prendre à ma belle-mère. »

— « Ce que vous dites-là complique un peu l'affaire
Il serait bon alors que nous entendissions
        Immédiatement ses dépositions. »
— « Les dépositions de qui ? »

                        — « La chose est claire

« De votre belle-mère assurément. Je vais,
          Si vous ne le trouvez mauvais,
          Faire mander cette personne. »
          — « Eh bien, vraiment, elle est bien bonne.
          Vous ignorez ce terme-là,
          Reprit la belle avec désinvolture,
          Et faisant bouffer sa... tournure,
          Ma belle-mère, la voilà ! »

          Là-dessus le fonctionnaire
          Se mit à rire de bon cœur ;
          Je confesse qu'à la rigueur,
Il en avait le droit, étant célibataire
          Et n'ayant pas de belle-mère,
Autrement, la plaignante aurait pu l'indigner
Et s'exposer à se faire empoigner ;
Car elle était la plus coupable en cette affaire.
Si j'écoutais ma rage et mon ressentiment
Je lui souhaiterais impitoyablement
          De n'être jamais belle-mère,
          Ce serait là son châtiment.

UN VIEUX BOUQUIN

—

Lorsque le présent m'exaspère
— J'ai le tempérament sanguin —
Je me plonge en un vieux bouquin
Afin d'éviter la colère.

C'est le royaume de Lothaire
Qu'il dépeint de Toul à Lorquin ;
Mais on juge, à son maroquin,
Qu'il date bien d'avant la guerre.

Aussi, les scènes qu'il décrit
N'attristent point tant mon esprit ;
Je m'imagine que l'histoire

Est un cauchemar insensé ;
Je rajeunis ; j'en viens à croire
Qu'en vingt ans rien ne s'est passé.

CHATEAU DE MUSSY

La ruine noircie a gardé l'aspect sombre,
De l'âge féodal, des siècles écoulés ;
Mais le lierre à présent sur les pans écroulés
A son aise serpente et grandit sans encombre.

Plus d'un manant jadis incarcéré dans l'ombre
A tourmenté l'écho de ses cris désolés ;
Mais le chêne, du fond des vieux fossés comblés
Elance ses rameaux couverts de nids sans nombre.

La nature a repris le sol que les humains
Avaient, par quels efforts ! transformé de leurs mains,
Et d'arbres chevelus a repeuplé l'enceinte.

La nature triomphe et son grand manteau vert
Abrite les gamins qui, bruyants et sans crainte,
Descendent en chantant dans le cachot désert.

LE MARCAIRE

—

Grimpe la montagne, marcaire,
Où sont les agrestes chalets
Accoutumés à tes couplets,
A ta présence solitaire.

Ton logis ne ressemble guère
A ces villas, à ces palais
Où vont s'abriter les Anglais
Quand le soleil brûle la terre.

Du moins, si tu n'as pas comme eux,
Les vastes hôtels somptueux
Qui parent le sol helvétique,

A bon marché, pâtre lorrain,
Tu vois de ton trône rustique
Soit la Moselle, soit le Rhin.

AVANT LE BAIN

Voyez-la se dresser, la baigneuse à peau blanche,
Qui tient ses deux beaux bras en l'air et qui se penche
Et prête à s'élancer dans l'eau tête en avant,
Laisse ses longs cheveux dorés, flotter au vent ;
Le corps est souple et fier, son costume dessine
Ses reins et les contours parfaits de sa poitrine,
Plus belle dans l'éclat sans fard de vingt printemps
Que dans le monde, avec ses atours éclatants :
Du feu dans le regard, des couleurs à la face,
Les genoux bien cambrés comme un coursier de race.
L'artiste en l'imitant a trouvé sous son fer
Un carrare moins ferme et moins dur que sa chair.
Elle serait déjà dans le flot qui l'appelle;
Mais la femme est coquette, elle sait qu'elle est belle,
Et vers l'onde qui court, penchée, elle aime à voir
Ses traits s'y refléter comme dans un miroir.

OPTIMISME

—

Salut printemps ! Salut printemps !
Salut printemps qui ressucite
La verte splendeur de nos sites
Par l'hiver assombris longtemps.

Tu rends la joie aux moins contents ;
Tu rends la langue aux plus tacites ;
Les moins ardents tu les excites,
Les vieux retrouvent leurs vingts ans.

On dirait qu'une étrange flamme
Pénètre tout à coup dans l'âme
Des ermites et des barbons.

Aux sceptiques les plus rebelles
Tous les hommes paraissent bons,
Toutes les femmes semblent belles.

L. BARAT.

AUX VITRINES

—

Heureux ceux que par privilège
L'art choisit pour siens en naissant !
Le lilas au ton ravissant
Étale sa blancheur de neige ;

La fougère lui fait cortège
Ou bien l'œillet, éblouissant,
Allume d'un reflet de sang
Le blanc papier qui le protège.

L'herbe dans le massif des fleurs
Aux étincelantes couleurs
Entrelace une humble verdure.

Et tout surpris, les curieux
Se demandent si la nature
Peut arriver à faire mieux.

LE SABBAT

—

Dans les hameaux voisins douze coups ont sonné ;
D'une source dont l'eau sourd avec véhémence
La sorcière surgit et le sabbat commence.
Accourez, farfadets, le signal est donné.

Qu'entend-on sur les monts ? C'est le cri d'un damné
Et des malins esprits la cohorte en démence
Tourne main dans la main, dans une ronde immense
En mêlant à ses bonds un chant désordonné.

Et l'étrange clameur qui monte jusqu'aux nues
Ressemble aux hurlements de bêtes inconnues,
Aux funèbres accents des oiseaux de la nuit.

Et des dragons ailés à la gueule béante
Agitent dans les airs leurs plumes à grand bruit,
Et l'enfant se blottit au lit plein d'épouvante.

DANS LA CAMPAGNE

—

La pipe en terre qu'il culotte,
Il dut la bourrer bien souvent.
La tête penchée en avant,
La blouse sur la redingote,

Le vieux paysan trotte, trotte,
Et foulard au cou va bravant
Un jour la pluie, un jour le vent,
Un jour la neige, un jour la crotte.

Avec son panier et sa hotte,
Ses gros souliers et sa culotte
Qu'il retrousse jusqu'au mollet,

Avec son nerf de bœuf énorme,
Notre homme serait incomplet
Sans le chapeau noir haut de forme.

LES CAMPS-VOLANTS

—

Peuplade singulière en tribus divisée,
Les Tziganes errants, on ne sait d'où venus,
Conservent un langage aux accents inconnus
Et drapent leur orgueil dans une loque usée.

Les mères, pipe en bouche, ont la face bronzée ;
Les marmots sous le froid courent aux trois quarts nus
L'homme a les membres forts, déliés et velus,
La chevelure noire, abondante et frisée.

La toilette est chez eux dédaignée. Et pourtant,
Malgré leur fier mépris des atours; on prétend
Que parfois — pas souvent — la splendeur de leur
[femme

D'un lointain Orient donne des visions
Et qu'un simple regard de leurs yeux pleins de flamme
Met aux cœurs des Chrétiens d'étranges passions.

CHEVAL DE CAVALERIE

—

Le cheval a flairé la bataille et se cabre,
Le cavalier, qui vient de dégainer le sabre,
D'une puissante main modère le coursier ;
Malgré le vigoureux poignet du cuirassier
L'animal en sueur, pressentant la mêlée,
Relève fièrement sa crinière affolée.
Et lançant des regards en feu, levant le front,
Semble appeler le coup décisif d'éperon.
Sa bouche jette au vent une bruyante haleine ;
D'un œil impétueux il mesure la plaine,
Les rizières, les champs de houblons, les colzas
Où les envahisseurs abritent leurs soldats.
Soudain, de rang en rang, tout l'escadron frissonne ;
Hourrah ! le chef commande et la plaine résonne,
Et pareil au cheval de Job qui dit : allons !
Il bondit, ébranlant le sol sous ses talons.

UNE LORRAINE

Au premier chant des coqs éveillant la maison,
La Lorraine est debout pour le travail austère,
La brune aux cheveux drus, la fille de la terre,
Acharnée au labeur jusqu'à la déraison.

Le sol qu'elle a bêché pour elle est sans mystère
Et la tâche à remplir fait son seul horizon.
L'œuvre de chaque jour et de chaque saison
A rendu fort ses bras, son cœur, son caractère.

Qu'elle entrevoie un jour des devoirs différents,
Plus durs, plus douloureux, plus glorieux, plus grands
Outrages à subir, colère paternelle,

Un souverain en fuite à trouver à Chinon,
Un bûcher à Rouen tout préparé pour elle ;
La femme au teint hâlé ne répondra point non.

PROPHÉTIE

—

Sous les yeux de l'été, sous la brise d'automne,
Les colporteurs, avec le ballot sur le dos,
Entendaient retentir de hameaux en hameaux,
Des manants ruinés la plainte monotone.

— « Pensez qu'il nous ont pris notre vin dans la tonne,
Notre avoine au grenier, au champ nos animaux.
Qu'avons-nous fait au Ciel pour souffrir tant de maux ? »
— « Amis, ne croyez pas que Dieu vous abandonne,

Disaient en souriant les autres ; rassurez
Vos timides esprits et vos cœurs effarés
Sachez qu'il est prédit qu'une vierge lorraine

Remettra nos couleurs au sommet des clochers,
Couchera les soldats d'outremer dans l'arène,
Et placera son pied sur le dos des archers.

LA BERGÈRE

—

Va, bergère ; conduis à travers la campagne
Le troupeau paternel, les agneaux, les moutons ;
Tandis qu'à l'Occident l'écho sur tous les tons
Raconte les succès de la Grande-Bretagne.

Les sentiers sont affreux vers l'Est, et la montagne
Cache dans ses replis de sauvages cantons ;
Mais à l'Ouest, la plaine invite les piétons
Et le chemin descend du côté de Champagne.

Ta main accoutumée au soc, ta faible main,
Donnera le signal du carnage inhumain.
Sonnera le tocsin des sublimes révoltes,

Brandira l'étendard en tête des guerriers,
Et les bleuets des champs qu'en riant tu récoltes
Se changeront un jour en superbes lauriers.

CAUSERIE DE SOLDATS.

—

— Le peuple d'Orléans conte des bagatelles.
— Que dit-il? — On entend repéter aux bourgeois
Qu'une fille, arrivant de Lorraine, je crois,
Va mener les soldats, prendre les citadelles...

— C'est vrai; mais que vont faire à pareilles nou-
                                        [velles,
Tous nos vieux généraux, Xaintrailles et Dunois ?
— Ils font comme la foule ; ils acceptent ses lois.
Ils savent les vertus des Pucelles. — Lesquelles?

— La licorne, qui porte un glaive flamboyant
Entre les yeux, sous bois s'arrête en les voyant.
— La licorne, ce monstre, effroi pour le plus brave...

— S'agenouille à leurs pieds — Ciel ! — Et sur leur
                                        [giron
Douce comme un enfant, humble comme un esclave,
Vient déposer avec timidité son front.

DANS LA FORÊT

—

La forêt a dressé, dans l'enceinte déserte
Du vieux château brûlé jadis, sa tête verte ;
Le lierre séculaire a tendu ses replis
Tout autour des moellons, des vieux murs démolis.
Plus d'or, ni de flambeau, ni de bruit, ni de fête ;
Seul aujourd'hui, parfois un souffle de tempête
Fait grincer en passant les branches des ormeaux.
Aux lieux où les seigneurs, les ducs, les jouvenceaux,
Au temps des cours d'amour, règne oublié des femmes,
Portaient à leurs chapeaux les couleurs de leurs dames,
Les deux genoux en terre, attendaient leurs décrets,
Le loup et le renard, habitants des forêts,
Corrigent leur femelle, et la chouette entonne
Sa nocturne chanson sur un ton monotone,
Semblable à quelque triste et perfide signal.
Le champignon grandit dans le salon du bal,
La prison où mourut de faim mainte victime,
Troubadours amoureux dont l'ardeur fut le crime,
Amant ayant cessé de plaire et non d'aimer,
Ou rivales assez belles pour allumer

La jalousie au fond d'un cœur de châtelaine,
Ce lieu maudit, séjour des pleurs, séjour de haine,
Loin des appartements, tout au bout du donjon,
Défend du vent le nid de mousse d'un pigeon.

BERRICHONNES

—

Les émigrantes du Berry
Du pays conservent l'usage
Le bonnet même et le langage
De Châtillon et de Lury.

Les hauts-fourneaux où le mari
Se rend chaque jour à l'ouvrage
A l'extrémité du village
Gardent le nom de Commentry.

Le patois de notre contrée
Est pour elles langue ignorée.
A leur costume, à leur accent,

A leur coiffure, à leur visage
Loin de Lorraine, le passant
Croit avoir fait un long voyage.

VIEILLE ÉGLISE

—

Quand nos pères, aux temps de croyance et de zèle,
Dressèrent vers le ciel l'auguste monument,
Il se fit dans les airs un grand bruissement.
Le moineau franc parlait à la vive hirondelle :

— « La maison qu'on élève est vraiment grande et
[belle ;
« J'y prendrai mon séjour avec ravissement. »
« — Je retiens pour mon nid un creux du bâtiment, »
Répondit une vieille et sombre crécerelle.

Sans mot dire, agitant péniblement son aile,
Le choucas, près du toit, au flanc d'une tourelle,
S'était déjà fixé dans son appartement.

Et de nos jours encor, la garnison fidèle
Du seigneur qui l'héberge acclame incessamment
Par des chants variés la bonté paternelle.

EMILE DEBREAUX

—

On oubliait les vers du pauvre Emile ;
D'autres chansons hantaient tous les cerveaux ;
Et cependant, il fêta nos héros
Dont l'étendard flottait d'Ulm à Séville.

Ami pourtant du chanteur d'Ancerville,
Béranger même a célébré Debreaux ;
Son nom courut de hameaux en hameaux,
Courut de bourg en bourg, de ville en ville.

Mais nous avons revu tous les malheurs
Qui du poète ont arraché les pleurs ;
Et maintenant tout le peuple de France

Redresse un front trop longtemps abattu
En reprenant le refrain d'espérance :
« Dis-moi, soldat, dis-moi, t'en souviens-tu ?

MERCY

—

La France n'était pas encore souveraine,
Ce n'était pas encor les drapeaux d'aujourd'hui
Qui flottaient fièrement sur la tour de Longwy
Quand naquit dans ses murs le rival de Turenne.

Pourtant l'ancien prélat d'une cité lorraine
Déjà française alors, immortel comme lui,
Bossuet en un mot, rendit gloire à celui
Que Condé saluait expirant dans l'arène.

Car les gens de la Chiers, quels que fussent leurs noms,
Et qu'on les appelât Lorrains où bien Wallons,
Étaient, dès cette époque, experts en stratégie ;

L'aigle de Meaux a dit que d'Enghien ne sut pas
Égarer sa prudence, et que son énergie
Ne s'affaiblit jamais aux heures des combats.

TRESSAN A BITCHE

—

La forteresse, en haut d'un rocher sourcilleux,
De canons hérissée a tout l'aspect d'une aire ;
Du matin au grand soir, le tambour militaire
Rappelle les devoirs aux troupiers anxieux.

La nature à l'entour est terrible. Les yeux
En admirent surpris le sombre caractère,
Les gigantesques monts, le paysage austère,
Les milliers de sapins qui montent vers les cieux.

Au cœur de la contrée à mine redoutable,
Le gouverneur pensif, incliné sur sa table,
Oublieux du clairon qui trouble les quartiers

Ainsi que du pays aux beautés fantastiques,
Écrit, sans débrider, sur d'élégants cahiers,
Sonnets, quatrains, rondeaux, vers anacréontiques.

L. BARAT.

8.

L'ARGONNE

—

Ce sont les bois épais dont les noirs défilés
Jadis des étrangers ont vu l'armée entière
S'enfuir en débandade et gagner la frontière,
Laissant des tas de morts dans nos fossés comblés.

Nos paysans de joie et de poudre affolés,
Pistolet au côté, fusil en bandoulière,
Ont de vastes brasiers égayé la clairière
Pour fêter le départ des uhlans accablés.

Ils devaient revenir. Leur immense colonne
A pas victorieux a traversé l'Argonne ;
Nous reculions devant les enfants des vaincus.

Ah ! puisse — si jamais se réveille la guerre —
Notre vieille forêt n'entendre jamais plus
Les sinistres refrains d'une langue étrangère !

L'ÉTANG DU MILIEU DU MONDE

—

De l'Étang du milieu du monde
Sortent deux modestes ruisseaux ;
Le moins grand dirige ses eaux
Vers la Moselle vagabonde.

Aux champs que le premier inonde
Le deuxième tourne le dos ;
Et, pour courir aux Provençaux,
Traverse le pays burgonde.

Ainsi parfois chemins divers
Séparent parmi l'univers
Deux fils qui vont chercher fortune.

Les clochers des voisins hameaux
Témoins de l'enfance commune
Ne reverront plus les jumeaux.

SUR LA MONTAGNE

—

Plus la côte s'élève, et plus la terre est nue.
La nature languit ; le roi de la forêt,
Le chêne se montrant si fier, qu'on le croirait
Capable de rejoindre et de percer la nue ;

Le chêne peu à peu s'affaiblit, diminue.
Il diminue encor, puis enfin disparaît ;
D'autres arbres plus forts poussent comme à regret,
Leur feuillage est moins large et leur tronc s'atténue.

Excelsior ! Ceux-là même ne donneront,
Si vous allez plus haut plus d'ombre à votre front,
Il n'en restera qu'un d'invaincu : c'est le hêtre.

Moins gros que dans la plaine et moins audacieux,
Il se peut ; mais il reste ici du moins seul maître ;
Car pas un tant que lui ne s'approche des cieux.

LA PIERRE DE KERLINLIN

—

Le bloc rude et prodigieux
Que, sous le feuillage des hêtres,
Dressèrent jadis nos ancêtres,
S'élève encore vers les cieux.

C'est devant lui que les aïeux
Au temps où leurs tribus champêtres
N'avaient jamais connu de maîtres.
Courbaient leurs fronts religieux.

Et quand un consul dans nos plaines
A conduit les troupes romaines,
Le monolithe l'a bravé.

Et tous envahisseurs avides
Depuis ce temps l'ont retrouvé
Debout comme au jour des Druides.

DABO

« — Seigneur, à notre peuple inspirez le courage,
Dirent-ils. Donnez-lui des muscles vigoureux ;
Des fils toujours plus forts, de plus en plus nombreux
Dont la postérité s'accroisse d'âge en âge.

Au sommet de leurs monts, laissez souffler l'orage ;
Qu'importe, si la peur n'est pas faite pour eux ?
Mais qu'en revanche, au pied, par les sentiers ombreux,
Un pâturage suive un autre pâturage.

Donnez-leur un esprit si fier et si joyeux
Que tous les voyageurs s'en montrent envieux ;
Des vergers si riants, des forêts si couvertes,

Que l'on ne trouve rien au monde d'aussi beau ;
Des ruisseaux argentés parmi les plaines vertes. »
L'Éternel en latin leur répondit :
                                        Dabo.

LA DAME DES ARMOISES

—

Quand dans les murs de Metz entra l'aventurière,
Ce fut un grand émoi dans toute la cité ;
Des cris, des hosannas joyeux de tout côté,
Des clameurs ébranlaient la ville tout entière.

Les regards assurés, l'attitude guerrière,
Elle étalait devant tous les yeux sa fierté
Sur son blanc palefroi par la foule escorté
Dont le vent agitait l'abondante crinière.

Les plus audacieux osaient baiser sa main ;
La plupart à genoux sur les bords du chemin
Se prosternaient, le front à terre devant elle.

Car ce peuple était simple et facile à toucher
Et croyait rendre hommage à Jeanne la Pucelle
Par un vouloir divin échappée au bûcher.

HARDI !

Hardi, pour la bonne Lorraine !
Nos aïeux, un siècle, opprimés,
A ce cri-là se sont armés ;
La victoire, douce marraine,
A béni nos drapeaux flottants,
Ses filleuls oubliés longtemps.
Hardi, pour la bonne Lorraine !

Hardi, pour la bonne Lorraine !
L'envahisseur à ce cri-là
Perdit la tête et recula.
Ses morts ont encombré l'arène ;
Et les os de ses bataillons
Sont restés seuls dans nos sillons.
Hardi pour la bonne Lorraine !

Hardi, pour la bonne Lorraine !
Ce cri-là, nous le jetterons,
Nous, fils des preux, quand les clairons,

D'Arras à Pau, de Brest à Fresne,
Annonceront un beau matin,
Le jour fixé par le destin.
Hardi, pour la bonne Lorraine !

LONGUYON

—

Sur chaque flanc, sur chaque crête,
Les bois se dressent dru plantés ;
Ici celui des Grands Côtés,
Là haut, celui de la Heurette.

Souvent sous leur ombre discrète,
Mes rêves se sont abrités ;
Aussi, les rameaux agités,
Chaque arbre me parle et m'arrête.

Des ruines au bord de l'eau,
Je connais du moindre bouleau
Jusqu'aux chênes les plus énormes.

Je les salue et tour à tour,
Les platanes, les pins, les ormes,
Les frênes me disent bonjour.

L'EMBARRAS DU CHOIX

—

Un tel disait :
                    — « J'ai fait fortune,
Où vais-je aller? Je suis gourmand. »
— « Sur la Moselle assurément,
Fit Metz, vous connaissez ma prune. »

— « Ta mirabelle est peu commune,
Reprit Commercy galamment.
Mais les madeleines ! » Vraiment !
Répliqua Bar, en est-il une

Qu'on puisse comparer jamais
Aux confitures que je fais.
Verdun s'écrie avec emphase :

— « J'ai la dragée. » Alors Longwy.
« Jambons... » sans attendre la phrase
L'homme déjà répondait : oui.

P. P. C.

—

Avant que de passer à d'autres exercices,

Je dois vous adresser, Mesdames les lectrices

Et Messieurs les lecteurs, d'humbles remercîments,

Si vous m'avez suivi jusqu'aux derniers moments.

Le métier d'écrivain est parfois insipide,

Et l'on se sentirait souvent le cerveau vide

Si l'on ne comptait pas que d'excellentes gens

Auront pour nos bouquins des regards indulgents ;

Comme précisément dans le siècle où nous sommes,

Les vers n'enchantent plus les dames ni les hommes,

Bien que l'on en produise à plume que veux-tu,

C'est un double mérite, une double vertu

Que de daigner, malgré le courant et l'usage

Goûter un tantinet à ces fruits d'un autre âge ;

Et tel dévoûment vaut non un simple merci,

Mais deux, trois, quatre, cinq, six, sept, huit, neuf.

Dixi.

TABLE DES MATIÈRES

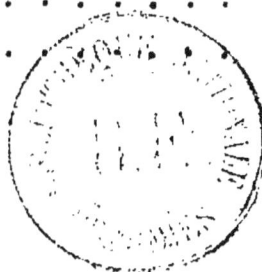

A LA
GRANDE MAISON

RUE

SAINT-JEAN

6

RUE

SAINT-JEAN

6

NANCY

VÊTEMENTS LORRAINS

en Molleton, double imperméable, à l'usage

des

Messieurs et des Petits Garçons

Spécialité créée en 1879 par la
« GRANDE MAISON »

AU VELO-SPORT

— 4 —

NANCY, Rue Gambetta, NANCY

VENTE ET ÉCHANGE A PRIX RÉDUITS
ACCESSOIRES PIÈCES DÉTACHÉES ET RÉPARATIONS
10 0/0 d'Esc. au comptant — Facilité de paiement

NOTA. — La Maison se charge de la vente des Marchandises neuves de toutes marques, ainsi que de celles laissées en dépôt

DÉPOT DES VÉLOCIPÈDES DES MEILLEURES MARQUES FRANÇAISES ET ANGLAISES

Dépôt des marques BARY-LENOIR et Cie, de Saint-Nicolas-du-Port; ROUXEL-DUBOIS, de Paris; VINCENT de Paris; SAINT-GEORGES-ENGINEERING, d Birmingham; JUD. LINDSAY et Cie, de Cowentry.

L'ON TROUVE ÉGALEMENT DANS NOS MAGASINS TOUTES LES MARQUES HUMBER RUDGE, CLÉMENT, SINGER, PHOEBUS, HURTU, PEUGEOT, ETC.

RUE ST GEORGES 20 22, 24, 26

· NANCY ·

AMEUBLEMENTS

Meubles et Vases vernis Martin et laqués Style japonais
MEUBLES DE CHAMBRE A COUCHER & DE SALLE A MANGER
ÉBÉNISTERIE D'ART
BRONZE D'ART & D'AMEUBLEMENT
Garnitures de Cheminée et de Foyer
Lustres, Appliques, Cartels, Candélabres

ÉCLAIRAGE

SUSPENSIONS ET LAMPES A HUILE ET AU PÉTROLE
SPÉCIALITÉ DE LAMPES COLONNES ET LAMPES DE PARQUET
MONTÉES AVEC LE BEC HINCK'S
Lampes de Bougeoirs et Lampes bijoux

FER FORGÉ

SERVICES DE TABLE
FAIENCES, PORCELAINES ET CRISTAUX
SPÉCIALITÉ D'ORFÈVRERIE ET DE MÉTAL ANGLAIS
ÉVENTAILS — MAROQUINERIE — COUTELLERIE
VERRERIES ARTISTIQUES
Objets d'Art et de Fantaisie

A LA
SAMARITAINE

-⊷⊶ NANCY ⊷⊶-

A L'ANGLE DES RUES DES PONTS & SAINT-JEAN

———

Vous, qui du Bon Samaritain,
Savez la légende lointaine
Pour embellir votre destin,
Allez à la SAMARITAINE.

Pour l'élégance et le bon goût,
Sa renommée et si certaine
Qu'on voit accourir de partout
Les gens à la SAMARITAINE.

Voulez-vous plaire en un moment
A la dame la plus hautaine,
Monsieur ? Immédiatement
Allez à la SAMARITAINE.

Et vous Mesdames, croyez bien
Que pour la soie ou la futaine
Rien ne vaut et que jamais rien
Ne vaudra la SAMARITAINE.

OUVRAGES DU MÊME AUTEUR

Le Sergent Bridapoil, 1883, Impr. JEUNET, Amiens.

Cent Sonnets picards, 1885, *idem*.

Rimes amiénoises, 1886, *idem*.

Paris-Plage, 1887, *idem*.